LES TRADERS

Jean-Philippe CLERC

Dépôt légal : 1er trimestre 2009

Imprimé en France

SOMMAIRE

Introduction 13

Petite histoire de la Bourse 15

Apparition d'opérateurs permanents 16

La transformation des marchés financiers 19

La mutation de la place parisienne 21

Comment les traders génèrent-ils des profits ? 22

Les bases du métier : la gestion du risque 24

Les fonctions des traders 26

La salle de marché 27

Evolution des effectifs des salles de marché 29

L'organisation d'une salle de marché 31

Le desk 40

Le poste de travail d'un trader 45

La journée d'un trader 45

Le recrutement des traders 47

Les stratégies de recrutement 48

Les diplômes les plus appréciés 50

Les divers types de traders 54

Offrez-vous la collection "Les Mini-Génies"

... Ou l'essentiel pour comprendre pourquoi et comment une technique marketing se développe.
Chacun des 6 ouvrages que nous vous proposons a pour but de permettre au lecteur de comprendre rapidement un concept marketing au travers de cas concrets d'entreprise.

STORYTELLING

Réf. : EP51 Prix : 5 € - *Auteur : Djamchid ASSADI*

Il était une fois, le terme de narration, il est aujourd'hui celui du storytelling. Et bien que le terme soit récent, l'approche, quant à elle, l'est moins. Si jadis, l'art de raconter des histoires ne dépassait guère un cercle restreint, aujourd'hui il s'impose dans toutes les sphères de la société pour rassurer et créer du lien là où celui-ci a parfois fané.

LE TREND'S MARKETING

Réf. : EP52 Prix : 5 € - *Auteur : Yohan GICQUEL*

Qu'il s'agisse d'habillement, d'émission de télévision ou de musique, le marketing doit de plus en plus suivre les tendances sociales et psychosociales pour designer son offre afin que celle-ci s'adapte à l'instant. Ainsi appréhendée, la société et ses spasmes deviennent de véritables leviers de création pour le marketing. Cette nouvelle façon de faire de la discipline donne ainsi lieu à de nouvelles approches allant toujours au plus près du consommateur.

LE GLOCAL MARKETING

Réf. : EP53 Prix : 5 € - *Auteur : Myriam CAMARA*

Qu'il s'agisse d'habillement, d'émission de télévision ou de musique, le marketing doit de plus en plus suivre les tendances sociales et psychosociales pour designer son offre afin que celle-ci s'adapte à l'instant. Ainsi appréhendée, la société et ses spasmes deviennent de véritables leviers de création pour le marketing. Cette nouvelle façon de faire de la discipline donne ainsi lieu à de nouvelles approches allant toujours au plus près du consommateur.

LE MÉCÉNAT - **Réf. : EP45 Prix : 5 €** *Servanne BARRE*
LE MOBILE MARKETING - **Réf. : EP46 Prix : 5 €** *Sophie-Carole RICHARD-LANNEYRIE*
LE E-MARKETING - **Réf. : EP47 Prix : 5 €** *Sophie-Carole RICHARD-LANNEYRIE*
LE MARKETING DES SENIORS - **Réf. : EP33 Prix : 5 €** *Yohan Gicquel*
LE MARKETING GAY - **Réf. : EP37 Prix : 5 €** *Yohan Gicquel*
LE MARKETING ETHIQUE - **Réf. : EP38 Prix : 5 €** *Yohan Gicquel*
LE MARKETING TRIBAL - **Réf. : EP27 Prix : 5 €** *Yohan Gicquel*
LE MARKETING DES JUNIORS - **Réf. : EP32 Prix : 5 €** *Yohan Gicquel*
LE BUZZ MARKETING - **Réf. : EP28 Prix : 5 €** *Yohan Gicquel*
LE MARKETING ETHNIQUE - **Réf. : EP29 Prix : 5 €** *Yohan Gicquel*
LE STREET MARKETING - **Réf. : EP30 Prix : 5 €** *Yohan Gicquel*
LE MARKETING POLYSENSORIEL - **Réf. : EP31 Prix : 5 €** *Yohan Gicquel*

"Les Mini-Génies du Management"

LE COACHING

Réf. : EP48 Prix : 5 €

Auteur : Sophie-Carole RICHARD-LANNEYRIE

Le coaching (autrement appelé mentorat) est une technique de développement professionnel et personnel. Elle consiste à accompagner des personnes ou des équipes pour le développement de leur potentiel ou de leur savoir-faire dans le cadre de leurs objectifs. Le « coach » (entraîneur) - mot couramment utilisé dans le domaine sportif - est entré dans le monde de l'entreprise où l'on parle de coaching.

LA PNL

Réf. : EP49 Prix : 5 € -

Auteur : Sophie-Carole RICHARD-LANNEYRIE

A la fois un art, un ensemble d'outils et une philosophie de vie, la PNL a pour objet la modélisation de l'excellence humaine. Elle développe des moyens sophistiqués pour décoder les compétences exceptionnelles de certaines personnes et les rendre accessibles au plus grand nombre.

LA DÉLOCALISAITON

Réf. : EP50 Prix : 5 € - *Sophie-Carole RICHARD-LANNEYRIE*

Depuis une vingtaine d'année, on assiste à des délocalisations d'entreprise. L'internationalisation des marchés, la multiplication des échanges économiques, culturels et touristiques amènent de plus en plus les entreprises sur d'autres marchés que le marché national. De nombreuses entreprises tentent, et réussissent, une percée sur des marchés extérieurs. D'autres connaissent des échecs dus au mal qu'elles ont à accompagner leur décision d'exporter.

Offrez-vous la collection "Les Mini-Génies de la gestion"

Chacun des ouvrages que nous vous proposons a pour but de permettre au lecteur de comprendre rapidement un concept au travers de cas concrets d'entreprise.

LA CRISE DES SUBPRIMES

Réf. : EP54 Prix : 5 € - *Auteur : Jean-Philippe Clerc*

En quelques mois la planète financière oscille sur ses bases. Des banques américaines, piliers du monde des affaires, sont sauvées in extremis par les pouvoirs publics. Quelles sont les causes de cette crise des subprimes ? Le pire est-il encore à venir ?

LES TRADERS

Réf. : EP55 Prix : 5 € - *Auteur : Jean-Philippe Clerc*

Le Trader, grace aux films à grands succès d'Hollywood, est devenu le métier mythe de la finance. Jeune, brillant, talentueux et aux nerfs d'acier, il est capable, en quelques coups audacieux, de devenir millionnaire.

LE MARCHÉ DES MATIÈRES PREMIÈRES

Réf. : EP56 Prix : 5 € - *Auteur : Jean-Philippe Clerc*

L'usage de l'expression "matières premières" est devenue courante, qui, jusqu'à il y a peu, prêtait attention aux cours du blé, du soja ou encore de l'acier ? Mais, en raison de l'actualité, nous reprenons conscience de leurs répercussions dans notre vie quotidienne.

LES OPA

Réf. : EP40 Prix : 5 €

Auteur : Jean-Philippe Clerc

LE LBO

Réf. : EP41 Prix : 5 €

Auteur : Jean-Philippe Clerc

LA BOURSE

Réf. : EP42 Prix : 5 € *Auteur : Jean-Philippe Clerc*

BON DE COMMANDE

Vous pouvez vous procurer les ouvrages qui vous intéressent en retournant le bon de commande accompagné du règlement correspondant, à :

Le Génie des Glaciers

38, avenue Jean Jaurès - 73000 Chambéry
Tél. : 04 79 68 22 10 - Fax : 04 79 68 22 11
www.le-genie.com

Frais d'envoi

Nombre d'ouvrages	Prix
1 ouvrage	4 €
2 ouvrages	5 €
3 ouvrages	6 €
4 ouvrages	7 €
5 à 15 ouvrages	10 €
Plus de 15 ouvrages	gratuit
DOM-TOM	sur devis

BON DE COMMANDE				
Réf.	**Désignation**	**Quantité**	**Prix**	**Total**
			Total	
			Participation port	
			Total net à payer	

✂--

Nom ....

Prénom ....

Adresse ....

....

Code postal .... Ville ....

Vous êtes ❑ Enseignant

❑ Etudiant

Section ....

Ecole ....

Département ....

Ville ....

Règlement ❑ Chèque joint à la commande

❑ Carte bleue : n° |_|_|_|_|_|_|_|_|_|_|_|_|_|_|_|_|

Date de validité |_|_|_|_|

❑ Contre-remboursement

INTRODUCTION

Paris, quartier des affaires de la Défense, 9h00

Dans la salle de marché de Trading Management, filiale d'un grand groupe bancaire français, pas d'invective, ni d'ordre d'achat ou de vente hurlés au téléphone. Eric, trader junior, une main sur le téléphone et l'œil rivé sur ses écrans, explique que l'on est loin des clichés habituels sur l'ambiance survolté des salles de marché. « Parfois, ça s'agite, il y a un peu de tension surtout à l'annonce de chiffres, comme la modification brutale des taux d'intérêt par une banque centrale, ou des résultats inédits sur une entreprise ».

Avec plus de 20 milliards d'actifs à faire fructifier, le stress est une donnée que les opérateurs de Trading Management doivent savoir gérer. Dans son bureau, à l'écart de la salle, Olivier, 48 ans, directeur général, y veille : « Les desks sont immergés dans les marchés financiers. Les décisions doivent être ultra-rapide, quasi instinctives ! Je suis là pour les motiver et les aider à prendre un peu de recul quand c'est nécessaire, pour voir si les décisions sont conforme à notre stratégie maison ». La stratégie maison tient en une phrase « Faire de la gestion de conviction non benchmarkée ». En clair, ici on ne se cale pas sur les indices boursiers en essayant de suivre leur performance, mais « si on croit en une valeur, on en achète beaucoup ».

Rémi, trader senior, à 31 ans, il gère pour deux milliards d'actifs. Et il en raffole du « non benchmarké », « c'est ce qui fait l'intérêt du métier, pas de directive du genre ne pas s'écarter de plus de 1% de la moyenne du marché, nous avons carte blanche pour nos choix d'investissement au service de nos clients ».

Un peu à l'écart, Marlène suit les opérations. Chargée du contrôle interne, elle veille à leur bon déroulement : « nous avons un peu un rôle de gendarme et vérifions que chaque ordre a été passé en bonne et due forme », confie cette jeune femme de 32 ans. « Nous devons respecter une réglementation bancaire très stricte et devons surveiller que les collaborateurs respecte la déontologie de la banque, qu'il n'y ai pas de délits d'initié ou encore de blanchiment d'argent. La moindre entorse à ses règles peut entraîner de fortes sanctions de la part de l'AMF ».

Enfin, à l'étage inférieur, dans un bureau plus anonyme, Anne-laure, chargée d'analyse de 28 ans, mesure et analyse la performance d'une équipe de la salle de marché. « Il s'agit de mesurer l'évolution de chaque actif : action, obligation,... les calculs sont extrêmement complexes. C'est l'heure de vérité. Nos résultats servent au trader pour lui permettre de rectifier le tir ou lui confirmer le bien fondé de ses décisions ».

Petite histoire de la Bourse[1]

Certaines opérations financières, comme le change des monnaies, sont nées sur le pourtour méditerranéen vers le Vème siècle avant Jésus-Christ. Des titres d'emprunt sont négociés à Venise et à Florence dès leXIVème siècle.

Cependant, ce n'est qu'à la fin du XVIème siècle, qu'un premier centre permanent d'échange de parts de sociétés se met en place à Anvers. Ce centre est dénommé de « Bourse », du nom d'un bourgeois de Bruges M. Van den Burse. Profitant du formidable développement du commerce atlantique suite aux découvertes espagnoles et portugaises, la Bourse d'Anvers devient le centre financier de l'empire de Charles-Quint.

Lyon, sa rivale, est le centre financier de François Ier, et ne devient réellement un marché organisé qu'à la fin du XVIième siècle.

Avec le déclin de l'Espagne et d'Anvers, les places de Londres et d'Amsterdam s'imposent.

Le conseil du Roi créé en 1724 une Bourse à Paris et c'est sous le premier empire que le code du commerce réglemente le fonctionnement de la Bourse. L'empereur Napoléon fait également commencer en 1807 les travaux du Palais Brongniart, ceux-ci se terminant en 1827.

---

1 Voir dans la collection les mini-génies « la Bourse ».

Le 22 septembre 2000, les Bourses d'Amsterdam, de Bruxelles et de Paris fusionnent sous le nom d'Euronext qui devient la première bourse pan européenne.

Puis, rapidement, se joignent à Euronext la Bourse de Lisbonne et la Liffe, marché d'instruments à terme londonien.

Enfin, ultime épisode, en 2006, Euronext et le New-York Stock Exchange se rapprochent pour former la première Bourse Transcontinentale.

Apparition d'operateurs permanents

Peu à peu, les pratiques boursières s'institutionnalisent. La Bourse devient une activité quotidienne où se confrontent l'offre et la demande pour une classe donnée de titres afin de définir la cotation fixe qui vaut pour l'ensemble des échanges conclus lors d'une période déterminée.

Avec la complexification des marchés, la marchandise n'est plus donnée à voir. L'accord porte non pas sur des titres nécessairement possédés mais sur des promesses de fourniture de titres ou d'argent à une date donnée.

La tenue de cette promesse devient un enjeu économique considérable. Sous diverses formes, les Bourses ont essayé d'éliminer les parjures et ont compensé la dématérialisation de l'accord par la personnalisation de la relation marchande. Donc, un groupe fermé de professionnels permanents qui travaillent en commun est plus à même de contrôler la qualité de chacun de ses membres qu'un groupe ouvert.

Ainsi, en France, les agents de change sont institués par un décret de mars 1801 « comme ayant seuls le droit de faire les négociations des effets publics et autres susceptibles d'être cotés ». La Compagnie des agents de change est définie en 1855 comme « une corporation privée instituée par la loi dans un but d'ordre et d'intérêt publics ». Les agents de change sont alors des officiers ministériels nommés par le ministère des Finances. Acheter ou vendre des titres en Bourse demande alors de passer par les services des Agents de change qui disposent d'un véritable monopole.

La transformation des marches financiers

Les marchés financiers dans le courant des années soixante-dix connaissent trois mutations majeures : la modification des règles de courtage, l'apparition des marchés de produits dérivés et l'introduction de nouvelles techniques.

1) La modification des règles de courtage

Avec la fin du système de Bretton Woods, les différents accords du GATT et plus largement l'internationalisation des sociétés, les pays développés passent d'une économie d'endettement (rôle central des établissements bancaires dans le financement des entreprises) à une économie de marché ou la Bourse devient le lieu incontournable de levée des fonds nécessaires au développement des entreprises.

Aux Etats-Unis, les autorités gouvernementales, considèrent alors que le monopole des brokers de Wall Street risquait d'avoir des effets négatifs. En 1975, le législateur américain impose la libre discussion des courtages, provoquant une forte augmentation de la concurrence avec la création de nouvelles maisons de courtage.

2) Apparition des marchés de produits dérivés

A la même période, les marchés à terme prennent leur envol. Les marchés à terme sont des marchés ou s'achètent des biens qui seront livrés à une date et à un prix convenu lors de la transaction.

A la fin des années soixante sont créés les marchés à terme sur les matières premières et les produits agricoles. Sur ces marchés sont négociés des futurs contrats standardisés dont le volume, la qualité et les modalités de livraison sont fixés à l'avance.

Sont associés à ces marchés des chambres de compensation qui facilitent les échanges. Ces organismes permettent surtout de ne pas livrer le bien le jour de l'échéance mais de seulement empocher ou débourser la différence entre le cours au comptant et le prix négocié par simple rachat à la chambre de compensation d'une position équivalente.

Dès 1971, ces contrats sont utilisés pour les échanges sur devises. En 1975, ce sont des contrats sur taux d'intérêt et sur les indices boursiers qui apparaissent.

Dans la foulée, les marchés d'options standards vont bouleverser les pratiques boursières.

Une option donne à son acquéreur, moyennant le paiement d'une prime, le droit, mais non l'obligation, d'acheter (option d'achat) ou de vendre (option de vente), à un prix fixé à l'avance (prix d'exercice) une quantité déterminée d'un actif sous-jacent (action, devise, contrat sur emprunt notionnel,...) pendant une période définie par une date d'échéance.

En 1973, le CBOT (Chicago Board of Trade) lance le premier marché d'option sur les actions.

En 1981, sont créés les marchés d'option sur les devises, sur des contrats de taux d'intérêt et sur des indices boursiers.

Ces types de marché se multiplient aux Etats-Unis et en Europe.

Le marché des options développe de nouvelles places de cotation, de nouvelles opportunités de gains mais également de nouveaux montages de couverture.

3) Apparition de nouvelles techniques

La complexité de la cotation et de l'évaluation de ces nouveaux produits va modifier la profil des intervenants sur les marchés.

Les formules d'évaluation des prix des options sont fondées sur les résultats du calcul scholastique. Dans les années soixante, des théoriciens comme Markowitz développent le modèle des actifs financiers (MEDAF), initialement pour les actions. Mais surtout, « la formule de Black et Scholes » permet le développement de la théorie financière.

Cette formule constitue une rationalisation sans précédent des métiers du trading métier en ouvrant la porte à une gestion sans risque de cours et limitée au risque de volatilité.

Revers de la médaille, cette formule demande la maîtrise des outils complexes du calcul différentiel, des logarithmes, des exponentielles et des lois de probabilités. Ces concepts demandent un niveau Bac+4 à Bac+5 en mathématiques. Dans les salles de marché, les paramètres déterminant le prix d'une option sont exprimés en lettres grecques (delta, thêta, gamma, Véga).

La mutation de la place parisienne

Au début des années quatre-vingt, la place de Paris se réveille. La Bourse de Paris est alors en phase de déclin et est férocement concurrencée par la Bourse de Londres. Un vent de rénovation voit la création en 1983 du Second marché, en 1985 du MATIF (Marché à terme des instruments financiers) et en 1987 du Monep (Marché des options négociables de Paris).

Dans le même temps, la cotation s'informatise avec la mise en place en 1986 du système CAC (cotation assistée en continu). La corbeille, symbole de la cotation à la criée, est démontée.

Avec l'informatisation, les conditions du travail changent. Les échanges financiers se déroulent de plus en plus dans les salles de marchés, loin du bâtiment de la bourse.

Sur le parquet, aux côtés des agents de change, des fondés de pouvoir et des grands commis, travaillaient une foule de petits commis, de téléphonistes et autres porteurs d'ordre. Avec l'informatisation, un grand nombre de ces métiers ont disparu. Ne subsistent plus qu'un commercial et un négociateur qui passent les ordres dans le système CAC.

Par ailleurs, le matériel informatique et les logiciels deviennent des outils incontournables qui nécessitent de forts investissements de la part des intervenants sur les marchés.

La loi du 12 janvier 1988 supprime la Compagnie des agents de change en transformant ces derniers en sociétés de Bourse dont le capital est ouvert aux entreprises. Dès 1992, toutes les sociétés de bourse avaient été acquises par des banques.

Parmi les conséquences des transformations de la finance de marché figurent l'augmentation du nombre de ses membres et de leur l'élévation du niveau de formation.

Comment les traders generent-ils des profits ?

Le trader prend des positions sur les marchés :

- soit pour l'institution qui l'emploie, banque, société d'assurance, fonds d'investissement, … en opérant depuis la salle de marché.

- soit pour les clients de son institution.

Tous les profits proviennent de la volatilité des actifs financiers, c'est à dire leur capacité à voir leurs cours varier plus au moins fortement. C'est en prenant des risques que la banque gagne ou perd de l'argent. Le rôle du trader recouvre alors deux fonctions excerçables simultanément :

- gérer le risque ;

- spéculer.

Les bases du métier : la gestion du risque

La salle de marché, lieu de travail du trader, est structuré à la fois sur la base des risques traités et des fonctions occupées.

Les risques traités ou sous-jacents, sont les suivants :

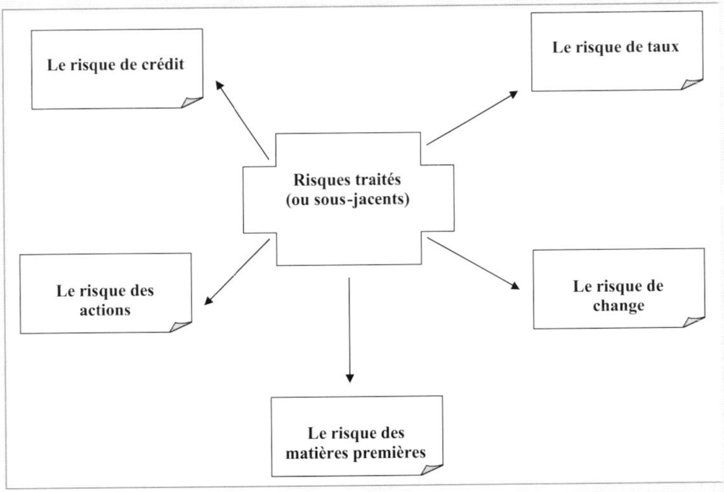

Le risque de crédit est issu de la probabilité qu'une entreprise ou un Etat ne puissent pas honorer sa dette. Les produits traités servent à protéger l'acheteur du risque de défaut de l'emprunteur. Suivant la qualité de l'emprunteur, le prix de cette couverture varie. Selon le prix auquel le produit de couverture a été vendu ou acheté, le trader réalise une perte ou un gain. Bien que les plus récents, ces produits sont ceux dont le marché se développe le plus rapidement.

Le risque des actions est celui lié à l'activité des sociétés cotées. C'est un petit marché comparé à celui des titres de dettes.

Le risque de taux : le risque naît des variations des taux d'intérêt initiés par les banques centrales. Le principe est le suivant : une banque qui emprunte à 6% pour une durée d'un an et qui prête cette somme alors que la banque centrale a ramené les taux d'intérêt à 5%, ne pourra demander à son client que de rémunérer ses fonds à 5%. La banque aura donc perdu de l'argent dans l'opération. Sur ce marché, les contrats de couverture portant sur plusieurs centaines de millions d'euros sont la norme. L'outil le plus utilisé est le contrat de swap sur ce marché est appelé « fixed income » ou marché de la dette. Il s'agit du marché le plus technique, sur lequel sont souvent employés des ingénieurs de grands écoles.

Le risque de change. Il s'agit du risque lié aux taux de change. C'est le marché le plus important du monde avec un volume journalier de près de 2 000 milliards de dollars.

Le risque des matières premières est avant tout un risque lié aux prix de ces matières. Il s'agit d'un petit marché mais en pleine expansion.

Les fonctions des traders

Parallèlement, la salle est séparée en quatre branches principales qui séparent les fonctions entre traders, ainsi :

Le « market maker »

Il travaille sur les produits de base tel que le spot des devises, le « cash action », les obligations, … Le market maker ne fait que répondre aux clients en cotant les prix à double sens. Un prix où il est d'accord pour acheter et un autre prix où il est d'accord pour vendre. Les positions qu'il tient sont la conséquence des deals qu'il a réalisé. Il doit toujours couvrir ses positions, en essayant de générer un profit. Il n'est pas censé spéculer. Des positions limites lui sont imposées, positions strictes qu'il ne doit pas dépasser. Les traders débutant commencent souvent leur carrière par un poste de market maker, qui leur permet d'appréhender le marché sans prendre de risque.

Le trader de produits vanilles

Les produits vanilles sont ceux qui génèrent le plus de revenus dans la salle de marché, mais ils sont en diminution, fortement concurrencés par les produits structurés. Les revenus proviennent principalement des activités de spéculation. Le cours de l'or va-t-il augmenter ou baisser ? Quel va être la politique monétaire du nouveau président des Etats-Unis ? La Banque Centrale Européenne va-t-elle baisser ou non ses taux d'intérêt ? Les interprétations des informations sont ici source de profit ou de perte.

Le trader de produit structurés

Les produits structurés sont ceux qui sont le plus à la mode ces dernières années. Ces produits proposent une indexation complexe de la rentabilité de plusieurs produits vanilles. Les profits générés proviennent des marges prises par la banque lors de la transaction. Comme il très difficile de donner un prix à des produits qui n'existent pas encore (on parle de produits exotiques) et qu'il n'y a aucune liquidités dans le marché pour les couvrir, les marges sont très importantes. Le trader est un pur gestionnaire du risque qui ne spécule pas. Les traders sont souvent d'anciens chercheurs de la banque. La norme est souvent un diplôme de polytechnique complété par un master d'une grande école de commerce.

Le « proprietary trader »

Les proprietary traders ont carte blanche pour spéculer avec les fonds propres de la banque sur tous les marchés. Ils ne cotent pas leurs clients. Ils sont les mieux rémunérés, obtenant un pourcentage des gains réalisés. Ils génèrent facilement plusieurs dizaines de millions d'euros de profits annuels, et ne partage pas leurs gains avec les équipes de la salle. Métier à très haut risque, leur position est particulièrement convoitée. Elite de la profession, ils sont les plus expérimentés de tous les traders, en moyenne 10 ans dans le trading « classique ».

La salle des marches

La salle de marché est le lieu physique ou les traders exercent leur art. En plein développement, elle est véritablement une ruche, complexe et sous l'emprise de la recherche du profit maximum.

Salle des marchés, NewYork

Evolution des effectifs des salles de marches

Avec la multiplication des marchés et la fin du monopole des agents de change, le nombre des salles de marché comme celui des professionnels ont fortement augmenté. On estime aujourd'hui que près de 400 sociétés possèdent une salle de marché.

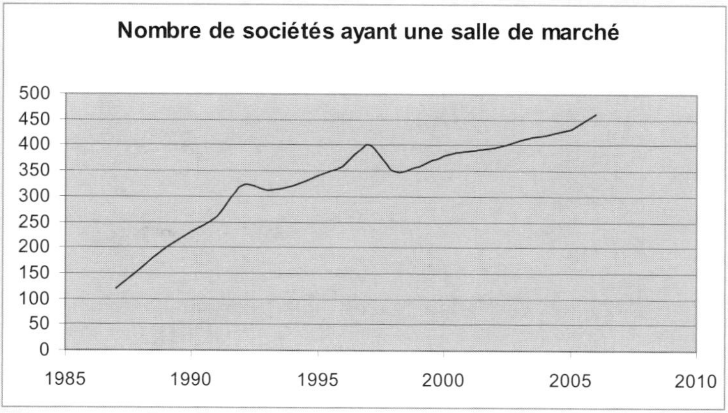

Le nombre de salles en activité a quasiment quadruplé en 25 ans.

L'effectif total des salles de marché est environ de 7 000 personnes. Cet effectif est fluctuant en fonction de l'actualité financière : crise, rachat d'entreprise qui élimine alors une partie des membres.

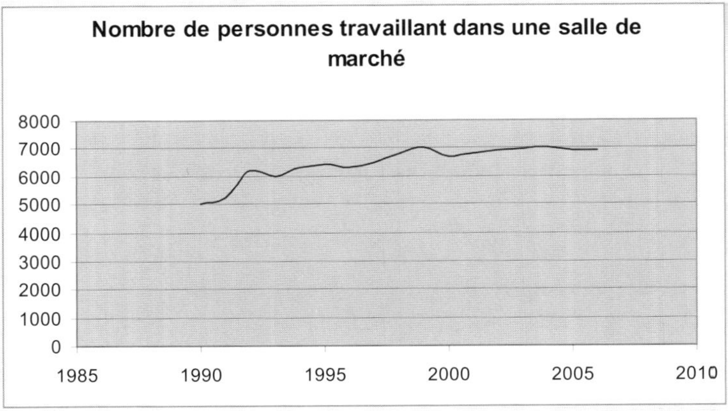

L'estimation de ces effectifs est particulièrement difficile car concentrés dans les salles de marché, les professionnels ne sont plus aussi visibles que par le passé.

L'organisation d'une salle de marche

Les traders ne sont pas seuls dans une salle de marché, mais sont entourés par de nombreux autres professionnels.

En général dans une salle de marché se côtoient les professionnels suivants :

- **Le Trader** : il intervient sur les marchés, identifie et saisit les opportunités à l'achat et à la vente, en gère les risques.

- **L'assistant trader** : il a pour tâche de saisir les tickets ou de calculer les valorisations, d'effectuer diverses tâches administratives et comptables pour les traders et les commerciaux.

- **Le Commercial** : il négocie la vente de produit dérivés et développe un portefeuille de clientèle. Il est aussi appelé sales ou dealer.

- **L'ingénieur financier** : il conçoit des montages financiers complexes en répondant à la demande de la clientèle.

- **Le gestionnaire de back-office avancé** : il encadre une équipe chargée de la gestion administrative et de l'enregistrement comptable des opérations de marché.

- **L'ingénieur recherche et développement** : il utilise son expertise informatique, mathématique et statistique à la conception de modèles financiers.

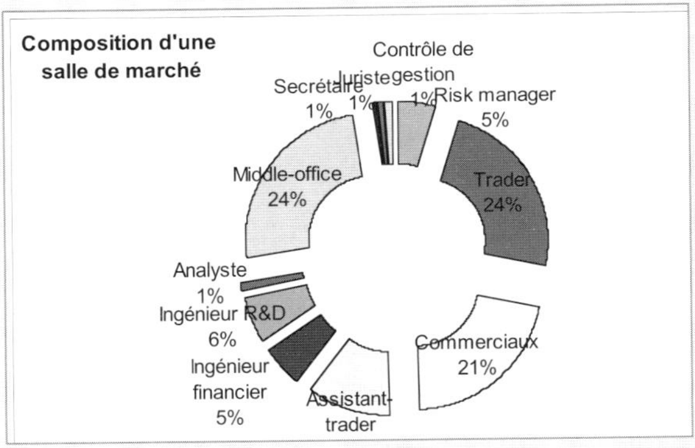

En interne, le trader travaille également avec :

- le middle office qui s'assure du respect des procédures. Le middle office est situé dans la salle de marché et dépend hiérarchiquement du front-office.

- le back office qui gère les transactions aval (envoi de confirmation sur support papier, ordonnancement des règlements,…).

Une salle de marché peut être composé de 10 à plus de 300 personnes.

Le desk

La salle de marché, ou **front office**, est divisée par équipes appelées **desk,** spécialisées soit par produits soit par zones géographiques.

Le desk fait référence à un ensemble de bureaux qui se jouxtent et qui constitue ainsi une unité dans la salle.

L'organisation des desks recoupe celle des principaux métiers : tables de vendeurs, tables de traders, tables d'ingénieurs, tables de gestionnaires de middle-office.

Afin d'éviter le gaspillage engendré par une concurrence interne trop forte, le travail est divisé en sous-desk. Pour le trading, les activités sont divisées soit par type de produits, soit par nationalités de produits. Les activités commerciales sont elles divisées en fonction des nationalités de clientèle.

Les frictions entre tables sont possibles car la concurrence est vive et la salle est une salle ouverte, un « open space ».

La salle de marché et les desks

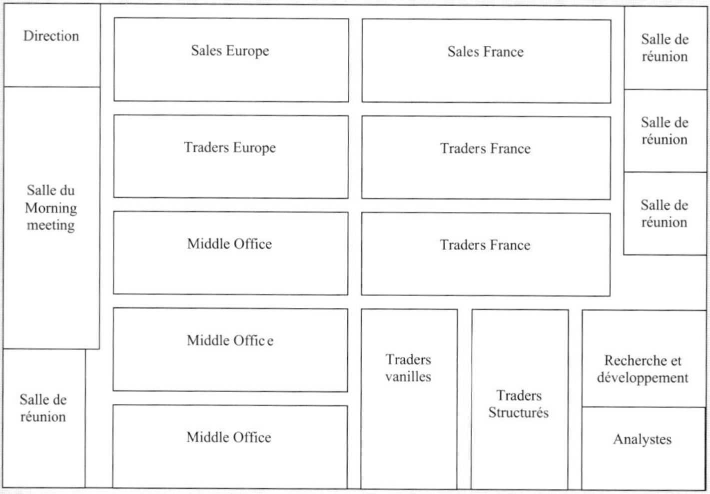

A tous les desks importants, un chef de desk contrôle l'activité de ses subordonnés, distribue les tâches et lance les activités nouvelles. Dans les petits desks, le chef est aussi opérateur. Pour un niveau d'activité important, le chef de desk ne traite plus, il est risk-manager, et s'occupe de l'ensemble des activités, place les bonnes personnes au bon endroit et distribue les primes.

Les risk-managers ne gèrent donc pas les risques directs du marché mais le risque d'organisation de l'équipe et du choix de ses membres.

Pour la direction, un desk qui gagne ou perd de l'argent relève des compétences du chef. Les techniques managériales classiques sont utilisées : rapidité, vérification des tâches, organisation du travail (procédures, nouveaux produits, logiciels,…).

Au côté de l'équipe de front office du desk, se trouve une équipe de back office avancé chargée de faire parvenir les informations vers le back office.

Exemple d'organisation d'un desk

Commercial 1	Trader 1
Commercial 2	Assistant trader 1
Commercial stagiaire	Trader 2
Risk Manager	Trader 3
Gestionnaire chef Back Office	Assistant trader 2

Gestionnaire Back-Office 1	Gestionnaire Back-Office 2
Gestionnaire Back-Office 3	Gestionnaire Back-Office 4

Le back-office

Le front-office décide et conclut les transactions sur le marché. Le back-office s'occupe de la confirmation des ordres auprès des contreparties, de la livraison des titres ou du règlement de la transaction, de la compensation sur les marchés à terme, de la comptabilisation des opérations. Le back-office est généralement situé dans une salle, voire un étage différent de celui du front-office.

Il permet ainsi de connaître chaque soir la position de la salle de marché :

- les titres possédés par le front : dans ce cas on dit qu'il est « long » ;
- les titres pour lesquels il est à découvert : on dit alors « short ».

Le contrôle des activités du trader

Comment arriver à contrôler un homme dont la liberté est la condition fondamentale de sa réussite ?
Même en connaissant toutes les informations dont dispose le trader, comment juger de l'importance qu'il accorde à chacune, sachant que de la différence d'interprétation qu'il aura eu par rapport à d'autres opérateurs naîtra le profit ?

Le contrôle du trader vise à garantir trois éléments :

- la position du trader doit être parfaitement connue
Cela implique que toutes les opérations annoncés par celui-ci ont été

réellement effectuées et correctement évaluées. Le développement de produits « exotiques » pour lesquels prix et volatilités ne sont pas publiés rends la tâche difficile. Sans références, les valeurs doivent être fournies par les traders eux-mêmes. Certains ont pu cacher des pertes importantes soit en créant de fausses opérations, soit en falsifiant la valeur de leur portefeuille.

- le risque prix par le trader doit être évalué correctement
Comment évaluer la probabilité de perdre une certaine somme ? Sur les produits dérivés ce travail est extrêmement difficile voir impossible. Ceci d'autant plus que de multiples techniques existes chacune adaptée à certaines produits dérivés et pas forcément à d'autres.

- la vérification de la communication entre le trader et les clients.
Même si une partie de l'information est confidentielle, une partie est publiable. Ainsi, il est interdit de dire que le client A prépare une grosse opération, alors qu'il est permis d'évoquer le fait que certaines banques anglo-saxonne préparent quelque chose…

Les règles de la salle du marché

Les règles écrites, lorsqu'elles existent, sont les plus générales possibles. La régulation du marché est l'exemple même d'activité ou la loi a du mal à suivre les évolutions très rapides.

Par exemple voici quelques articles d'un règlement d'un marché financier :

- Un acteur du marché doit être intègre et honnête dans son activité sur le marché ;
- Un acteur ne doit pas sciemment tenter d'induire en erreur ses clients pour en tirer des avantages personnels ;
- …

Dans la pratique, trois contrôles du respect des règles

- Le plus efficace est celui exercé par la « tribu » des traders. Si un trader ment, s'il fournit de fausses informations, il perdra sa crédibilité, et sera mis à l'index de la « tribu ». La crédibilité est la condition indispensable pour trader. La tribu exclue donc les tricheurs !
- Les responsables de salle sont les garants de la crédibilité de celles-ci. Ils doivent être au contact des clients et peuvent avoir ainsi des échos de certains comportements anormaux. Au contact de la « tribu », ils en mettront en garde les membres.
- Le troisième contrôle est institutionnel, dans de nombreux pays des lois régulent les marchés financiers et des organismes surveillent les entreprises ou les particuliers qui utilisent ces marchés. Il s'agit de l'AMF en France (Autorité des Marchés Financiers), qui en plsu d'édicter les réglementations spécifiques, possède un pouvoir de sanction élevé.

Cependant, le système repose sur la confiance accordée au trader. Dans la plupart des scandales financiers, la responsabilité incombe non seulement au trader, mais aussi aux contrôles internes. Ceux-ci étaient soit responsables par manque de vigilance, soit au courant, mais trop confiant envers le trader.

Cette confiance, sans laquelle il est impossible de trader, et qui grandit en même temps que les bons résultats du trader, est à double tranchant.

Elle implique que le trader dispose de plus de moyens pour rapporter encore plus de profit. Mais dans le même temps, et dans le même but, il peut être tenté d'abuser de cette liberté.

Cette formidable liberté donne tout son piment à ce métier.

Quand un jeune trader de 31 ans agresse une vieille dame quelque peu consentante

M. Daniel Bouton, PDG de La Société Générale, banque fondée en 1864, a annoncé le 24 janvier 2008 lors d'une conférence de presse, qu'un opérateur de marché, faisant partie de ses effectifs, aurait exposé la banque à un risque de marché alors que ce n'était pas dans ses attributions. Il aurait accumulé des positions acheteuses sur les contrats à terme portant sur indice et dissimulé ces opérations faites sur le marché en introduisant dans le système informatique de la Société générale des opérations inverses fictives les compensants.

Le trader, Jérôme Kerviel, aurait pris des positions plutôt heureuses en

2007, faisant gagner ainsi 1,5 milliards d'euros à la banque. Réussissant à masquer l'importance et le risque des positions qu'il avait prises grâce à sa très bonne connaissance des procédures de contrôle interne, connaissances qu'il aurait acquises lors de ses quelques années passées au « middle office ». Il n'y aurait eu, selon les dirigeants de la banque, aucun enrichissement personne, uniquement la volonté de prouver qu'il était un trader d'exception pouvant rivaliser avec les nombreux polytechniciens de la salle de marché de la banque. Selon la banque, il aurait reconnu lors de l'enquête interne de la Société générale au moment de la découverte de ses malversations, avoir effectué les opérations litigieuses et les avoir masquées.
Lorsque les positions secrètes ont été découvertes le 18 janvier 2008, la perte potentielle enregistrée était assez faible au vu des montants engagés, mais la Société générale a estimé que cela l'exposait à des risques considérables. Le PDG de la banque, Daniel Bouton a ainsi déclaré que « Si une guerre avait éclaté lundi ou si les marchés avaient chuté de 30%, la Société générale (GLE) risquait le pire avec une telle exposition ». La banque a donc préféré déboucler dans le secret les positions au plus vite en vendant pour 60 milliards € d'options du lundi au mercredi suivant, mais jouant alors de malchance avec la chute des places financières en ce début de semaine, enregistre une moins-value nette record de 4,9 milliards d'euros (sur un bénéfice annuel 2007 estimé préalablement à 7 milliards d'euros). Pour pouvoir atteindre une telle perte, les montants engagés étaient de l'ordre de 50 milliards d'euros concentré sur des futures à fort effet de levier portant sur les indices Eurostoxx, DAX et Footsie.

Le poste de travail d'un trader

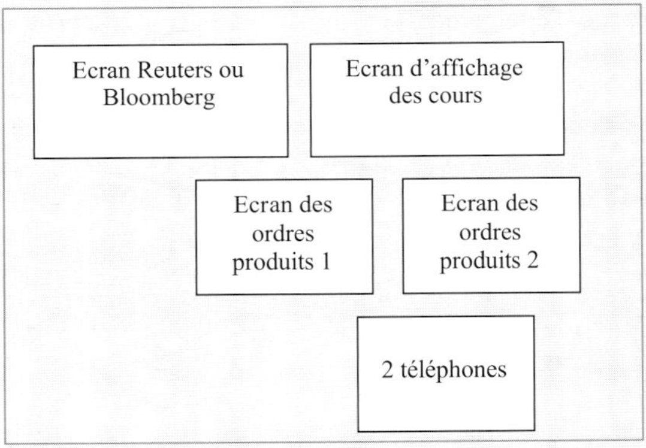

La rapidité de l'équipement est crucial. Chaque trader dispose en général de plusieurs écrans :

- Un ou plusieurs écran(s) où s'affichent les cours des produits suivis. Ces graphiques permettent de suivre l'évolution dans le temps des cours des titres ;

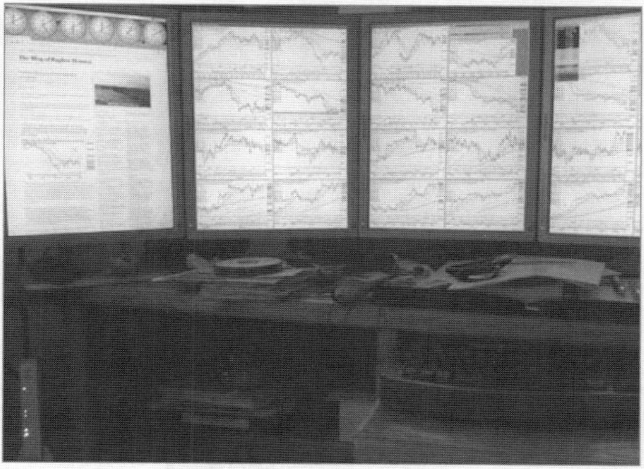

• Un ou plusieurs écran (s) pour les grandes agences d'information Reuters et Bloomberg ;

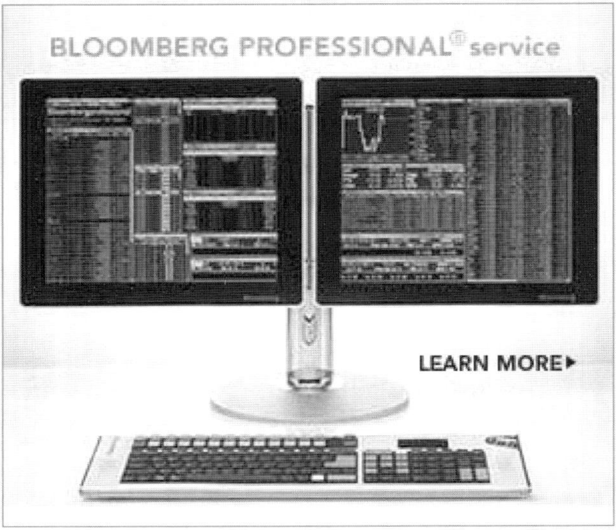

(Source : Bloomberg)

- Des consoles dédiés aux familles de produits ou zones géographiques suivis par le trader. Dotés de logiciels spécifiques, elles permettent de passer très rapidement des ordres et voir leurs exécutions à l'affichage.

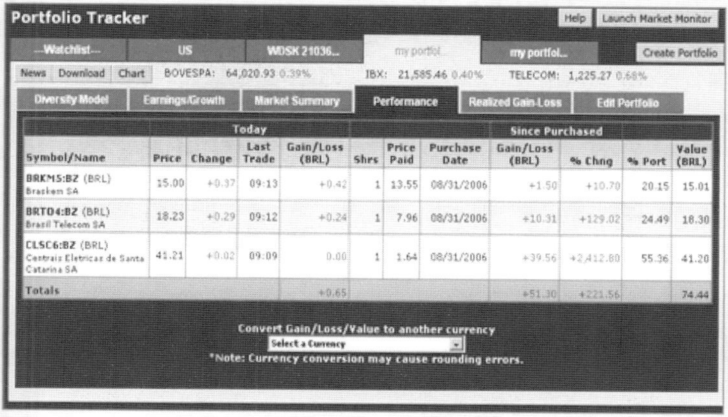

	Today							Since Purchased			
Symbol/Name	Price	Change	Last Trade	Gain/Loss (BRL)	Shrs	Price Paid	Purchase Date	Gain/Loss (BRL)	% Chng	% Port	Value (BRL)
BRKM5:BZ (BRL) Braskem SA	15.00	+0.37	09:13	+0.42	1	13.55	08/31/2006	+1.50	+10.70	20.15	15.01
BRTO4:BZ (BRL) Brasil Telecom SA	18.23	+0.29	09:12	+0.24	1	7.96	08/31/2006	+10.31	+129.02	24.49	18.30
CLSC6:BZ (BRL) Centrais Eletricas de Santa Catarina SA	41.21	+0.02	09:09	0.00	1	1.64	08/31/2006	+39.56	+2,412.80	55.36	41.20
Totals				+0.65				+51.30	+221.56		74.44

(Source : Bloomberg)

- Des téléphones pour le trading sur des places boursières ou des produits pour lesquels la cotation ne se fait pas par informatique.

- Et une multitude de claviers informatiques (deux à trois par bureau), de souris et de ... porte-bonheur.

L'information, matière première vitale du trader

Pour atteindre ses objectifs, le trader doit être en mesure d'utiliser la bonne information au bon moment.

L'information lui parvient, outre les médias traditionnels, par le biais d'agences de presse spécialisées (Reuters, Bloomberg, Agence France Presse,...) grâce à des terminaux spécifiques. Ces agences fournissent en temps réel des dépêches, des analyses, des reportages sur les évènements de la planète.

Ces agences permettent aussi d'accéder aux données de marché, soit en transmettant les cotations, volumes,... des bourses de valeur, soit en interrogeant les acteurs du marché.

Enfin, des analystes et des économistes fournissent au trader des analyses approfondies sur le marché : offre, demande, éléments favorables ou défavorables, perspectives d'évolution du court au long terme,...

Le trader doit trier et compiler ces informations afin d'en tirer des conclusions pertinentes pour le marché auquel il s'intéresse. Il va ainsi élaborer ses propres anticipations sur les évolutions. En définitive, il reste seul responsable des gains ou des pertes qu'il pourrait générer.

La journee d'un trader

8h15 : s'il travaille sur des marchés internationaux, son portefeuille est partagé avec des traders de la banque situés sur d'autres continents. Il prendra alors des informations auprès de son homologue des places en clôture, comme le soir il transmettra les siennes au trader de la place qui ouvre.

8h30 : réunion de marché de la salle (Morning meeting) : l'exposition aux risques de la salle, les prévisions des analystes, l'actualités des marchés (OPA, décisions gouvernementales,…) sont présentés aux traders.

8h45 : à son bureau, le trader parcourt la presse financière (*La Tribune, Les Echos,…*), les notes internes et ses mails, les dernières informations Reuters ou Bloomberg et regarde sur un écran la composition de son portefeuille.

9h : Ouverture de la Bourse de Paris, le trader commence son travail et passe des ordres de trading depuis son terminal et utilise ses outils de pricing, qui lui donnent à quel prix il doit réaliser une transaction.

17h25 : Clôture de la Bourse de Paris – le travail du trader est terminé. Les assistants du desk lui annoncent ses positions et il répond aux questions éventuelles du back-office. En effet, suite à de nombreux accidents comme celui où l'un de ses trader a fait perdre 5,5 milliards d'euros à la Société Générale, l'activité des membres de la salle est donc particulièrement vérifiée par le back-office et les services de contrôle interne de la banque.

17h30 : S'il travaille sur des marchés internaitonaux, le trader transmet ses informations à ses homologues des autres continents avec lesquels il partage le portefeuille d'actifs. Au niveau mondial, quand un marché ferme, un autre ouvre, le trading peut se dérouler 24h/24 !

Le recrutement des traders

Le recrutement des membres de la salle de marché est stratégique. Le profit généré par la salle dépend de la qualité de ses membres. Des choix sont à mener :

- faut-il donner la préférence à des seniors ou à des juniors ?

- ou engager des diplômés en finance ou des diplômés plus généralistes ?

Dans ces métiers le turn-over est particulièrement élevé, la concurrence n'hésitant pas à capter les opérateurs les plus fructueux.

Les stratégies de recrutement

Deux stratégies s'affrontent :

- pour les établissements réputés pour leur savoir-faire dans certains produits (produits structurés, options exotiques par exemple), les recrutements portent essentiellements sur des juniors. Ceux-ci, jeunes diplômés, n'ont pas une longue expérience de la finance. Cette politique entraîne certes des coûts d'adaptation élevés qui sont compensés en sous-payant les juniors par rapport aux salaires du marché. Acceptant ce salaire inférieur, le junior profite d'un apport en connaissances techniques et de la réputation de l'établissement financier qu'il pourra après quelques années valoriser au prix fort sur le marché de l'emploi.

  Pour éviter le départ des traders confirmés, des politiques d'augmentations progressives des seniors est mise en place, compensant le sacrifice initial. Les chefs de desk et les risk-managers restent relativement attachés à l'entreprise et évitent généralement des départs d'équipes entières vers la concurrence.

- pour les banques de marché universalistes, sur les marchés ou elles ne sont pas leaders, il est plus rationnel de débaucher des personnes qui ont acquis des compétences et de l'expérience dans d'autres banques, que de former des juniors pour une activité qu'elles maîtrisent mal. Le risque est de voir se développer une culture de mercenaires. Une des techniques des « mercenaires » est d'essayer de gonfler au maximum les bénéfices la première année afin d'empocher des primes et de partir après l'encaissement ou dès que les premières pertes apparaissent, laissant les successeurs gérer les pertes. Les meilleurs traders font l'objet d'enchères inflationnistes qui conduisent à un fort turn-over.

Le revenu d'un trader est composé d'un salaire fixe et d'un bonus. Les salaires des traders se répartissent de la manière suivante :

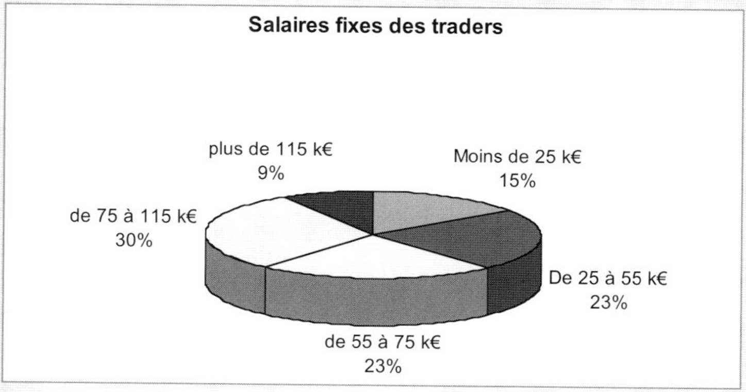

Le bonus est la somme d'un ensemble de primes complexes attribuées pour l'atteinte d'objectifs de profit. Il y aura ainsi des commissions sur les profits réalisés par le trader, mais aussi sur ceux du desk et plus généralement par le front-office de la banque. Pour la plupart des traders, ces bonus représentent de 1,5 à 2 fois le montant de leur salaire fixe annuel. Les traders les plus performants peuvent gagner plusieurs millions d'euros par an.

Les diplomes les plus apprecies

La plupart des banques exigent des niveaux de formations initiales élevés afin d'engager des juniors rapidement performants.

Plus haut niveau de diplôme	Répartition
Diplôme d'Université Bac+4	12%
Diplôme d'Université niveau Master 2 Finance	30%
Ecole Supérieur de Commerce	22%
Ecole d'ingénieur	26%
Diplôme étranger	10%

Les employeurs recrutent ainsi des candidats titulaires d'une formation spécialisée en finance de niveau Master 2 ou mastère d'école de commerce, assez professionnalisée par ses stages. Ainsi pour les traders juniors, 73% des nouveaux recrutés possèdent un niveau de diplôme équivalent à un Bac+5.

Les salles de marché sont également très friandes de diplômes d'ingénieur. Les diplômés des plus prestigieuses école d'ingénieurs telles que Polytechnique, Centrale, l'Ensimag,... sont engagés directement. Pour les candidats sortant d'écoles moins prestigieuses, une année de spécialisation en master professionnel ou recherche en finance est indispensable.

Parcours « type » d'un trader :

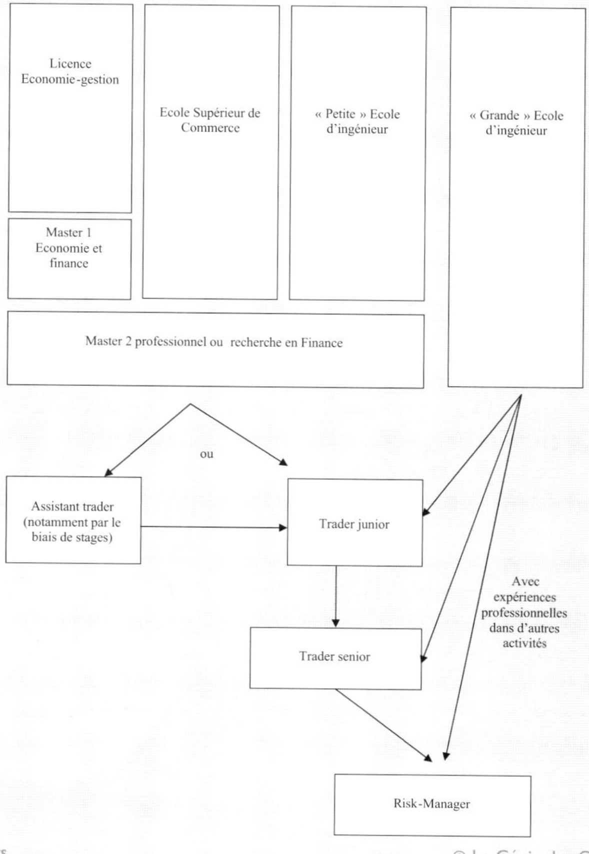

L'attrait du métier pousse de plus en plus de diplômés à offrir leurs services. Cependant, les chefs de desk ont un fort pouvoir de désignation de leurs futurs collaborateurs et sont plutôt enclins à rechercher des profils de candidats susceptibles de posséder des compétences similaires à leurs équipiers les plus performants. Ainsi, le recrutement par interconnaissance directe ou scolaire est fortement pratiqué, en privilégiant les diplômés des formations dont sont issus les principaux membres de la salle de marché.

Quelques-uns uns des Master finance les plus appréciés par les salles de marché :

- Master Finance quantitative de l'IAE de Grenoble
- Master Banque et Finance de l'IMUS d'Annecy
- Master Finance de Dauphine
- Master Finance de Lyon 2
- Mastère Finance Internationale HEC
- Mastère Techniques financière de l'ESSEC
- Mastère Finance de l'EM Lyon

Les qualités personnelles du trader :

Au-delà de la qualité de la formation reçue qui permet de comprendre les spécificités de chaque marché et de chaque produit, il y a des qualités intrinsèques qui font les bons traders.

Les qualités que l'on cite le plus souvent pour décrire un bon trader sont :

- la résistance au stress

Quel que soit le produit sur lequel il travail, le trader vit en permanence sous pression. Les sommes engagées sont énormes et les résultats immédiats : pertes ou gains !

- le calme

Le trader ne doit jamais s'énerver sous peine de faire de grosses erreurs.

- le flair et la vivacité

Un bon trader a le sens du marché. Il fait preuve à la fois d'astuce et d'intuition. Il est capable de réagir très vite face à un évènement et de prendre, sans hésitation et réflexion, les bonnes décisions.

- l'audace

Le trader sait prendre des risques et accepte l'idée de perdre ce qu'il a misé.

- le « fairness »

Dans ce métier, celui qui gagne sur le long terme n'est pas celui qui joue contre les autres mais, au contraire, celui qui sait obtenir et récompenser les bonnes informations. Il s'agit de reconnaître la qualité de l'information que l'on reçoit et d'être généreux en retour afin de rétribuer le partenaire.

Les divers types de traders

On distingue les traders en fonction de leur horizon d'investissement et de leur manière d'opérer. Il y a ainsi trois grands types de traders : les scalpers, les day-traders et les day-to-day-traders ou swing traders.

• Le Scalper

Le scalper ne conserve ses positions que quelques minutes voire quelques secondes. Le scalping consiste à dénouer rapidement ces positions aux prix de marché en bénéficiant d'une faible différence de prix. Le scalper va donc mener de très nombreuses opérations par jour. Même si elles ne réalisent que de faibles gains unitaires, la multiplication de ces opérations permet de dégager des revenus importants. Le trader doit éviter d'être surpris par un mouvement contraire à sa position. Pour cela il utilise généralement un ordre lui permettant la maîtrise de seuils d'exécution. Grâce à lui, les autres intervenants trouvent toujours une contrepartie pour leurs opérations.

De fait, le scalping n'est réellement possible que sur les marchés de produits dérivés. Il s'agit d'une forme extrême de trading intraday (en une journée).

• Intraday trader ou day trader

Les day traders cherchent à anticiper la fluctuation des prix durant une séance et prennent une position acheteuse ou vendeuse selon leur appréciation. La taille des positions est plus importante que celle des scalpers. Les day traders prennent des positions différentes durant une séance mais ils annulent toujours leurs positions nettes avant la clôture des transactions.

• Day-to-day-trader ou swing trader

Les swing traders détiennent de lourdes positions pendant plusieurs jours. Grâce à une solide assise financière, ils sont capables d'absorber les fluctuations défavorables à court terme et détenir une position jusqu'à son terme, quitte à payer des appels de marges.

Analyse fondamentale : analyse boursière fondée sur des paramètres d'appréciation politique, économique et financière. Ce type d'analyse est complété par l'analyse technique.

Analyse technique : c'est l'ensemble des méthodes graphiques et mathématiques utilisées pour anticiper l'évolution des marchés financiers. Analyse historique de l'évolution des cours d'une valeur mobilière ou d'un indice qui s'appuie sur l'observation de graphiques et sur la reconnaissance de figures ayant tendance à se répéter au fil du temps.

AMF : l'AMF définit les principes d'organisation et de fonctionnement des entreprises de marchés (comme Euronext Paris) et des systèmes de règlement-livraison. Elle approuve les règles des chambres de compensation et définit les conditions d'exercice de leurs adhérents. Elle surveille les marchés réglementés et non réglementés et les transactions qui s'y déroulent.

Arbitrage : stratégie consistant à profiter de l'écart de cours entre deux cotations d'un même titre sur deux places financières différentes.

Back-office : service qui s'occupe de la confirmation des ordres auprès des contreparties, de la livraison des titres ou du règlement de la transaction, de la compensation sur les marchés à terme, des appels de marge quotidiens, de la comptabilisation des transactions permettant de connaître à chaque fin de séance la position de la salle de marché.

Black & Scholes (modèle de) : modèle d'évaluation directe des puts et des calls développé en 1973 par Fisher Blach et Myron Scholes. Il considère que l'action suit un processus stochastique continu de Gauss-Wiener. Les principales conditions d'utilisation sont les suivantes : le modèle est adapté à des options de types européennes, durant la vie de l'option, l'action ne paie pas de dividende, les titres sont parfaitement divisibles, pas d'impôts ni de frais, il est possible de prêter et d'emprunter à taux constant, la volatilité de l'action est constante.

Broker : courtier. Etablissement financier passant des ordres de Bourse pour le compte de tiers.

Bulle : hausse excessive des cours, déconnectés alors des fondamentaux économiques. Une bulle est un signe avant coureur d'une forte baisse correctrice. La bulle est alors « crevée ».

Cash and carry : activité d'arbitrage sur un titre au comptant contre le même titre à terme.

Commercial : le commercial négocie la vente de produits dérivés et développe un portefeuille de clientèle : banques, gérants de fonds ou entreprises. Ces clients s'adressent à lui pour acheter des produits dérivés dont l'établissement financier est un spécialiste.

Corrélation : mesure la liaison existant entre deux variables. Permet de définir la sensibilité d'une valeur mobilière à une série de variables.

DAX : le DAX ou Deutscher Aktienindex est le principal indice boursier allemand. Il liste les 30 plus importantes entreprises de la Bourse de Francfort.

Délit d'initié : utilisation d'une information qui n'est pas encore rendue publique, en effectuant une transaction sur une valeur.

Desk : équipe de personnes qui s'occupe d'une activité déterminée.

Echéance : date à laquelle les échanges prévus dans le cadre de contrat à terme se déroulent.

Effet de levier (leverage) : effet démultiplicateur de la rentabilité des capitaux propres résultant du recours à l'emprunt.

Eurostoxx : l'Eurostoxx regroupe 50 sociétés selon leur capitalisation boursière au sein de la zone Euro

FCP : fonds communs de placement. Organismes de gestions collectives, avec les SICAV, ils font partie des OPCVM.

Front-office : service qui décide et conclut des transactions sur le marché ou avec des clients.

Gestionnaire : personne qui s'occupe de la gestion des flux financiers au middle-office.

Indice boursier : moyenne, pondérée par les capitalisations boursières ou non, des cours d'un échantillon d'actions. Un indice mesure la performance générale d'un marché ou d'un secteur.

Intermédiaire financier : société ou institution ayant qualité pour intervenir sur les marchés boursiers.

Ingénieur financier : il conçoit des montages financiers et juridiques complexes en anticipant la demande et en répondant aux besoins particuliers de la clientèle.

Ingénieur Recherche et Développement : il applique une expertise mathématique, statistique, informatique et algorithmique afin de réaliser des modèles financiers.

Intermédiation : activité d'intermédiaire entre deux agents, rémunérée par des frais de courtage.

Limites de position : montant maximum que la banque accepte de déléguer à un opérateur.

Marchéisation : phénomène lié au fait que les banques qui interviennent dans le placement des titres (actions, obligations, OPCVM,...) et lèvent des fonds par émissions de titres financiers. Les emplois et ressources sont constitués de titres plutôt que de dépôts et crédits bancaires.

Marché de gré à gré : marché non organisé, sans centralisation des ordres de d'achat et de vente. La plupart des transactions se réalisant en privé par courrier électronique ou téléphone entre deux opérateurs.

Marché des reports : marché organisé de prêt-emprunt de titres permettant chaque mois, à la suite de la séance de liquidation, de proroger leur position pour le mois suivant.

Marché organisé : il s'agit de la Bourse de valeur - marché ou les ordres et les prix sont centralisés au sein d'un système de cotation.

Market-maker : teneur de marché qui propose en permanence, pour un produit, une fourchette de prix à l'achat et à la vente.

Middle-office : services dépendant du back-office et qui effectuent la liaison entre le front-office et le back-office. Ils saisissent sur informatique les transactions, calculent la valorisation de ces transactions au cours du jour (« market-to-market ») pour permettre aux opérateurs de savoir de combien ils sont bénéficiaires ou déficitaires et établissent les niveaux de trésorerie.

Mobiliérisation : ce phénomène rend compte de la forte croissance des valeurs mobilières (actions, obligations,...) dans les placements des particuliers et des entreprises au détriment des dépôts à vue et comme modalité de financement au détriment des crédits bancaires.

Moins-value : en finance, la moins-value, ou perte en capital est une diminution de prix d'un actif financier par rapport à celui de l'achat. C'est soit une "moins-value réalisée" si elle est matérialisée, soit une moins-value latente (à enregistrer comptablement) tant que l'actif n'est pas vendu.

OPCVM : organisme de placement collectif en valeurs mobilières : FCP, SICAV.

Opérateurs : personnes qui interviennent sur le marché, soit les traders et les commerciaux.

Position : ensemble des titres gérés par un opérateur, une salle, un desk, ...

Pricing : calcul du prix théorique d'un produit en fonction des caractéristiques du contrat. Ces logiciels présentent à l'écran tous les éléments nécessaires à la tarification.

Produits structurés : montage juridico-financiers calibrés suivants les besoins spécifiques des clients.

Responsable commercial : responsable en charge de plusieurs desks de vendeurs. Equivalent du risk manager pour les traders.

Risk manager : personne responsable d'un ou plusieurs desk(s) de traders.

SICAV : société d'investissement à capital variable. Ce sont des organismes de gestion collective qui collectent l'épargne pour l'investir dans des valeurs mobilières : actions, obligations.

Spot : marché au comptant. Terme plus particulièrement utilisé pour le marché devises.

Valeur mobilière : titre représentatif d'une participation ou d'une créance.

Volatilité : mesure de la variation d'un cours. Il s'agit de l'écart type du cours d'un titre.

DANS LA MEME COLLECTION

Les mini-génies du marketing

Le marketing tribal
Le buzz marketing
Le marketing des séniors
Le street marketing
Le marketing polysensoriel
Le marketing des juniors
Le marketing des séniors
Le marketing gay
Le marketing ethique
Le mécénat
Le mobile marketing
L'E-marketing
Le glocal marketing
Storytelling
Trend's marketing

Les mini-génies du management

La délocalisation
La PNL
Le coaching

Les mini-génies de la gestion

Les OPA
LBO
La bourse
Le marché des matières premières
Les traders
La crise des subprimes